LA
COUR D'ASSISES.

Avis.

LA COUR D'ASSISES étant la propriété du Libraire POLLET, il déclare que cette pièce ne pourra faire partie du Théâtre de M. E. Scribe, publié par les Libraires Bezou et Aimé-André, qu'à compter du 28 décembre 1831, c'est-à-dire deux ans après la première représentation de ladite pièce, et que ce droit n'appartient qu'à lui, étant seul Propriétaire de tous les Vaudevilles de cet auteur.

————

LE LIBRAIRE POLLET *étant seul Éditeur des ouvrages de M. SCRIBE, on trouve chez lui tous les Vaudevilles de cet auteur.*

LA COUR D'ASSISES,

TABLEAU-VAUDEVILLE EN UN ACTE,

Par MM. SCRIBE et VARNER;

REPRÉSENTÉ, POUR LA PREMIÈRE FOIS, A PARIS, SUR LE THÉATRE DE MADAME, PAR LES COMÉDIENS ORDINAIRES DE SON ALTESSE ROYALE, LE 28 DÉCEMBRE 1829.

PARIS.

POLLET, LIBRAIRE,

ÉDITEUR DU RÉPERTOIRE DU THÉATRE DE MADAME,

RUE DU TEMPLE, N° 36.

1829.

PERSONNAGES.   ACTEURS.

Mme DE MERCOURT, jeune veuve. Mme THÉODORE.
LUCEVAL, avocat stagiaire....... Mr ALLAN.
Mr COQUELET, avocat.......... Mr NUMA.
Mr BOMBÉ, opticien........... Mr KLEIN.
Mme BOMBÉ, sa femme......... Mlle VALÉRIE.
Mme SABATIER, propriétaire..... Mme ROSALIE PRAGUE.
NANINE, sa fille............... Mlle ÉLIZA FORGEOT.
GIROUX, serrurier............. Mr LEGRAND.
Mme GIROUX, sa femme........ Mme MINETTE.
UN HUISSIER.................. Mr BRIENNE.
GENDARMES.
HOMMES ET FEMMES.

La scène se passe à Paris.

Nota. S'adresser, pour la musique de cette pièce et pour celle de tous les ouvrages représentés sur le Théâtre de MADAME, à M. THÉODORE, Bibliothécaire et Copiste, au même Théâtre.

Vu à Paris, le 1er décembre 1829.

Pour le Ministre de l'Intérieur,

Le Maître des Requêtes,

Signé TROUVÉ.

PARIS.—Imprimerie de DONDEY-DUPRÉ, rue St.-Louis, No 46, au Marais.

LA COUR D'ASSISES,

TABLEAU–VAUDEVILLE EN UN ACTE.

Le théâtre représente la galerie du Palais où se trouve l'escalier qui conduit à la Cour d'Assises. A côté de l'escalier une galerie où se tient la foule retenue par les gendarmes.

SCÈNE PREMIÈRE.

LUCEVAL, Mme GIROUX, *puis* Mme SABATIER et NANINE. PLUSIEURS GENDARMES *occupés à contenir la foule qui se presse à la porte de la Cour d'Assises* *.

CHŒUR.

AIR : *Non, non, je ne partirai pas* (de la Batelière de Brientz).

Ah! quelle foule! ah! quel fracas!

LES FEMMES.

Messieurs, messieurs, ne poussez pas.

LES GENDARMES.

Reculez-vous, on n'entre pas.

LES FEMMES.

Monsieur vous me cassez le bras,
Ne poussez pas, ne poussez pas.

TOUS.

Depuis c'matin j'attends, hélas!
On ne commencera donc pas.

UNE FEMME.

Je viens de la rue Bleue.

Mme GIROUX.

Moi, je viens d'une lieue,
Pour me mettre à la queue.

LUCEVAL, *à part et de l'autre côté à gauche.*

On se croit chez Thémis,
Au spectacle gratis.
C'est comme au spectacle gratis.

---

* Le premier acteur inscrit tient toujours en scène la droite du théâtre.

CHŒUR.

Dieu ! quelle foule et quel fracas !
On n'entre pas... ne poussez pas, etc.

*(Les gendarmes forcent la foule à rentrer dans la galerie à droite,
et se tiennent à la tête de la queue.)*

Mme SABATIER, *arrivant avec* NANINE *par le fond, à gauche.*

Dépêchez-vous donc, ma fille... vous êtes d'une len-
teur... Vous serez cause que nous n'aurons pas de place...
Voyez plutôt.

NANINE.

Maman, ce n'est pas ma faute... vous avez voulu faire
une grande toilette.

Mme SABATIER.

Pas d'observations... (*En s'adressant à Luceval.*) Monsieur, ne pourriez-vous pas nous faire entrer par faveur ?

LUCEVAL.

Je n'ai point ce crédit-là, madame, je ne suis ni juré,
ni magistrat... je suis simplement avocat stagiaire.

Mme SABATIER.

C'est dommage... car je n'aime point à être derrière les
autres... Je viens ici chercher des émotions fortes pour ma
santé... il m'en faut absolument... Vous me direz : on en
trouve à la *Gaîté*, à l'*Ambigu*.

AIR : *Elle a trahi ses sermens et sa foi.*

C'est un tissu de charmantes horreurs ;
Chaque théâtre offre les mêmes pièces...
Ce sont partout des bandits, des chauffeurs,
Et des voleurs de toutes les espèces.

LUCEVAL.

Voilà pourquoi le public, maintenant,
Craint à bon droit d'y porter son argent.

Mme SABATIER.

Mais je l'éprouve, cela ne suffit pas... la fiction ne vaut
pas la réalité... la réflexion détruit l'effet. Au théâtre vous
n'avez que des coupables de convention, des scélérats à tant
par soirée... c'est un état... c'est presque toujours la même
figure qui représente tous les crimes... M. *Beauvalet* ou
M. *Marty*... et une fois qu'on les connaît, adieu l'illusion...

Ici, le drame est bien plus énergique... c'est une suite de sensations qui déchirent l'ame d'une manière délicieuse.

LUCEVAL.

Je conçois... (*Montrant Nanine.*) C'est votre fille qui vous accompagne?

Mme SABATIER.

Oui, monsieur... A son âge, il ne serait pas convenable qu'elle restât seule à la maison... aussi je l'emmène partout avec moi.

LUCEVAL.

J'applaudis à votre prudence... mais, entre nous, vous pourriez la conduire à meilleure école.

AIR : *T'en souviens-tu.*

Quand le coupable, abjurant l'espérance,
Entend sonner l'heure du jugement,
Pâle, abattu, dans un affreux silence,
C'est un spectacle horrible et déchirant...
Il peut flétrir un cœur encor novice.
Ne montrons pas à des yeux ingénus
Le châtiment qui doit frapper le vice,
Mais la couronne assurée aux vertus.

Mme SABATIER.

Cela peut être vrai, monsieur... mais une fille ne risque jamais rien avec sa mère.

NANINE, *à part, regardant dans la coulisse.*

Je crois que j'ai aperçu M. Théophile!... Comme le cœur me bat!

Mme SABATIER.

Viens avec moi... Il faut essayer d'acheter une place en tête de la queue. (*Luceval s'éloigne un moment et va causer avec un avocat qui passe dans les galeries.*)

Mme GIROUX.

Eh! c'est Mme Sabatier! une bourgeoise de notre rue. (*A une femme qui se trouve à côté d'elle.*) Ma voisine, gardez-moi ma place... (*Au gendarme.*) Gendarme, on me garde ma place.

Mme SABATIER *.

Comment! vous ici, Mme Giroux?

---

* Mme Giroux, Mme Sabatier, Nanine, Luceval.

Mme GIROUX.

Prête à vous servir, madame, si j'en étais capable :
madame est-elle contente de la rampe en fer que mon mari
a eu l'honneur de poser à son escalier? Il vous a fait attendre... mais nous sommes si occupés !

Mme SABATIER.

Ce qui ne vous empêche pas de passer ici votre matinée.

Mme GIROUX.

Je n'aurais pas voulu pour tout au monde manquer la
séance... Je n'en manque jamais une... Aussi, dès ce matin, j'ai dit à mon homme que j'allais passer la journée
chez ma cousine, qui demeure à la montagne Sainte-Ge-
neviève.

Mme SABATIER.

Et vous n'y êtes pas allée...

Mme GIROUX.

C'était un prétexte pour venir ici... Il faut bien que les
femmes aient un peu de bon tems... J'ai laissé à la maison
mon mari, qui enrage de ne pouvoir venir. Ce sera si intéressant !

Mme SABATIÉR.

Vraiment !

Mme GIROUX.

Nous avons d'abord une affaire de fausses clefs... Ce ne
sera pas grand'chose...

Mme SABATIER.

Ensuite ?

Mme GIROUX.

Une cause d'outrage à la pudeur.

Mme SABATIER.

Ah ! mon Dieu ! je suis bien fâchée d'avoir amené ma fille...

Mme GIROUX.

Cela se plaide à huis clos...

Mme SABATIER , *entre les dents.*

Quel dommage !

Mme GIROUX.

C'est ce que je dis : les détails ne sont que pour le tribunal... Les magistrats sont toujours favorisés... Enfin nous aurons l'affaire de M. de Germeuil, un voleur de bon genre, qui habite la Chaussée-d'Antin.

Mme SABATIER.

Vraiment !

Mme GIROUX.

Oui... il paraît même qu'il n'est pas le seul dans ce quartier-là ; mais c'est le premier que l'on prenne : il y a commencement à tout.

Mme SABATIER, *cherchant à se rappeler.*

Germeuil ! n'est-ce pas ce jeune homme qui volait l'été dernier dans les maisons de campagne ?

Mme GIROUX.

Précisément ! un particulier très-connu...

Mme SABATIER.

Qui est, dit-on, très-riche.

Mme GIROUX.

Il trouvait peut-être qu'il ne l'était pas encore assez.

Mme SABATIER.

Et nous qui l'avons rencontré l'été dernier au bal de Saint-Mandé.

AIR : *Ah ! si madame me voyait.*

Ah ! comme l'on est exposé !
Avec lui tu dansas, ma fille ;
Il te trouvait même gentille,
Car avec lui moi j'ai causé,
Moi-même avec lui j'ai causé.

Mme GIROUX.

Il vous a pris quelque chose peut-être ?

Mme SABATIER.

Non... mais, par l'ombre favorisé,
Il pouvait... Ah ! dans un bal champêtre,
Voyez comme on est exposé !
Ah ! comme l'on est exposé !

Mme GIROUX.

Toute la Chaussée-d'Antin y sera... et vous verrez quel coup-d'œil... C'est une affaire à toques et à marabouts... presque pas de bonnets ronds.

NANINE.

Tant mieux : nous pourrons y voir les modes nouvelles.

AIR : *Vaudeville des deux Valentin.*

Mme SABATIER et NANINE.

C'est très-bien (*bis*), allons, dépêchons,
Glissons-nous (*bis*) et nous entrerons ;
Ce Germeuil (*bis*), pour nous quel espoir !
Nous allons le revoir.

Mme GIROUX.

Avant le dîner,
On peut l'condamner ;
Les jug'mens d'cette espèce...

Mme SABATIER.

Sont plus amusans,
Quand ce sont des gens
Auxquels on s'intéresse.

Mme SABATIER, NANINE et Mme GIROUX.

C'est très-bien (*bis*), allons, dépêchons,
Glissons-nous (*bis*) et nous entrerons ;

Ce Germeuil (*bis*), pour $\begin{Bmatrix} \text{nous} \\ \text{vous} \end{Bmatrix}$ quel espoir !

$\left. \begin{matrix} \text{Nous allons} \\ \text{Vous allez} \end{matrix} \right\}$ le revoir.

(*Elles se placent à la queue.*)

LES GENDARMES.

En arrière (*bis*)! allons, reculons.
Oui vraiment (*bis*), nous sommes trop bons ;
Pourquoi donc se presser, et dans quel espoir ?
Vous n'avez rien à voir.

LES AUTRES.

En arrière (*bis*)! allons, reculons,
Il le faut (*bis*), mais nous reviendrons ;
Ce Germeuil (*bis*), pour nous quel espoir !
Nous pourrons donc le voir.

ENSEMBLE.

LUCEVAL, *qui est rentré avec un avocat qui sort aussitôt.*

Est-il heureux ce Sainville !... il va plaider sa première cause... Que n'en suis-je là !... six mois encore à attendre !... six mois !... Quand on n'a pas encore d'état ; et qu'on est amoureux !

SCÈNE II.

Mme BOMBÉ, *mise très-élégamment;* LUCEVAL.

Mme BOMBÉ, *entrant très-vivement.*

Ah! mon Dieu! mon Dieu! il sera trop tard! (*A Lu-ceval.*) Monsieur, la salle où se tient la Cour d'Assises?

LUCEVAL.

C'est ici, madame.

Mme BOMBÉ.

On n'a pas encore appelé la cause de M. Germeuil?

LUCEVAL.

Non, madame.

Mme BOMBÉ.

Dieu soit loué! j'arriverai à tems.

LUCEVAL.

Je n'entends parler que de cette affaire-là. Il paraît que toutes les jolies femmes s'y intéressent!

Mme BOMBÉ, *s'inclinant.*

Monsieur est bien bon! Moi, j'ai des motifs particuliers! D'abord, mon mari est juré... mon mari juré, cela me paraît si amusant... et je ne serai pas fâchée de le voir siéger! Savez-vous s'il aura une robe?

LUCEVAL.

Non, madame.

Mme BOMBÉ.

Tant pis! je m'en faisais une fête! Parlera-t-il?

LUCEVAL.

Non, madame.

Mme BOMBÉ.

Tant mieux! Il aura bien plus de succès! Vous saurez que c'est la première fois de sa vie qu'il est juré.

LUCEVAL.

C'est hier cependant que la session s'est ouverte.

Mme BOMBÉ.

Oui, monsieur... mais mon mari n'a pas pu... une affaire importante.

LUCEVAL.

Prenez garde... il y a une forte amende.

Mme BOMBÉ.

Quand on est indisposé... et nous avons le certificat du médecin... un jeune homme charmant, qui déjeunait avec nous au *Rocher de Cancale*. Je vous demande si en sortant de là mon mari pouvait venir.

AIR : *J'ai vu le Parnasse des dames.*

Aisément sa tête se trouble ,
La justice doit être à jeun...

LUCEVAL.

Votre mari, qui voyait double ,
Eût vu deux coupables pour un.

Mme BOMBÉ.

Le fait est assez vraisemblable ;
Car près de moi, dans son erreur,
Il crut voir deux amans à table ,
Et je n'avais que le docteur.

(*Regardant du côté de la porte à droite , et remontant le théâtre.*)

Eh ! mon Dieu ! quelle foule !

LUCEVAL.

Ils savent peut-être tous que votre mari est juré ?

Mme BOMBÉ.

En vérité on devrait bien mettre les places à dix francs par tête... il n'y aurait pas tant de monde.

Mme GIROUX, *qui est toujours à la queue et qui l'entend.*

Oui-dà ! Il me paraît, petite mère , que vous avez plus d'argent que d'esprit !

Mme BOMBÉ, *s'éloignant d'elle et se rapprochant de Luceval* *.

Et comme c'est composé ! Comment vais-je faire pour entrer ?

LUCEVAL , *souriant.*

Eh ! mais vous n'entrerez pas !

Mme BOMBÉ.

C'est impossible !... Il le faut... je suis nécessaire.

---

* Luceval, Mme Bombé.

LUCEVAL.

Vraiment !

Mme BOMBÉ.

On ne pourrait pas commencer sans moi. Je suis appelée comme témoin dans l'affaire de M. Germeuil.

LUCEVAL.

Ah ! vous êtes mêlée dans cette affaire.

Mme BOMBÉ.

Indirectement et par le hasard le plus singulier. Nous avons à Epinay une campagne charmante, la première maison à droite, qui appartient à mon mari, M. Bombé, ingénieur-opticien.

LUCEVAL.

Je vois cela d'ici.

Mme BOMBÉ.

Nous l'avions louée l'été dernier à une dame qui l'a quittée avant la fin du terme... Nous avons alors été nous y établir, et le premier jour de mon arrivée, au milieu de la nuit, j'entends ouvrir la fenêtre de mon appartement qui donnait sur le jardin ! Vous jugez de ma frayeur.

LUCEVAL.

Je me l'imagine.

Mme BOMBÉ.

En apercevant à la lueur de ma lampe d'albâtre et à deux pas de mon lit... une figure...

LUCEVAL.

Horrible...

Mme BOMBÉ.

Non, assez agréable ! Un air comme il faut, autant que la frayeur m'a permis de regarder... Je m'élance dans la chambre à côté... je crie : Au voleur ! on l'arrête, et aussitôt après, j'ai eu une attaque de nerfs épouvantable... Vous sentez que le trouble, l'émotion... et puis la nuit, dans une situation semblable.

LUCEVAL.

J'entends...

     ..... Dans le simple appareil
   D'une beauté qu'on vient d'arracher.....

Il y a de quoi gagner un rhume affreux.

Mme BOMBÉ.

N'est-ce pas? Mais le difficile est d'expliquer cela aux juges ! Je ne sais comment m'y prendre pour faire ma déposition...

LUCEVAL.

Pas autrement que vous venez de le faire avec moi... La vérité tout entière, et sans ornement..... ce sera charmant.

Mme BOMBÉ.

Vous trouvez?... Mais il doit être si difficile de parler en public, surtout quand tout le monde vous regarde... c'est là un inconvénient...

LUCEVAL.

Auquel vous devez être habituée.

Mme BOMBÉ.

Pas ici, du moins.

LUCEVAL.

Du reste, rien de plus simple... On vous fera lever la main.

Mme BOMBÉ.

Et pourquoi?

LUCEVAL.

Pour prêter serment.

Mme BOMBÉ.

Comment! pour prêter serment.

LUCEVAL.

Est-ce qu'un serment vous effraie?

Mme BOMBÉ.

Mais... oui... devant la justice !... sans cela... Est-il vrai, monsieur, qu'il faut dire son âge?

LUCEVAL.

Oui, madame... c'est de rigueur.

Mme BOMBÉ.

Voilà qui est terrible !... non pas maintenant ; mais plus tard cela sert de date..... Il y a des gens qui ont une mémoire...

Air *des Frères de lait.*

Le jour heureux qui nous donna naissance
Rien que pour nous doit être constaté ;
On peut le dire au sortir de l'enfance,
On s'en souvient encor dans son été,
Et l'on en parle en petit comité.
    Mais quand nous touchons à l'automne,
    Repoussant le calendrier,
C'est un secret qu'on ne dit à personne,
(*A part.*) Et que soi-même on voudrait oublier.

Aussi me voilà enchantée de ne pouvoir entrer.

LUCEVAL.

Du tout, madame... il y a pour les témoins une autre
porte... et si vous voulez me permettre de vous offrir mon
bras...

Mme BOMBÉ.

Quoi! monsieur, vous seriez assez bon.

LUCEVAL.

Je dois vous faire les honneurs... je suis chez moi...
avocat stagiaire...

Mme BOMBÉ.

Stagiaire... c'est quelque grande dignité... président ou
substitut...

LUCEVAL, *riant.*

Pas précisément.

Mme BOMBÉ.

C'est égal, cela ne vous empêche pas d'être fort aimable; et je suis bien heureuse de vous avoir rencontré...
(*Mme Bombé prend le bras de Luceval ; ils se disposent à sortir au moment où M. Bombé entre par le fond, à gauche.*) Ah!
mon Dieu!... c'est mon mari... M. Bombé!... Ah! mon
mari... vous voilà!...

SCÈNE III.

LUCEVAL, BOMBÉ, Mme BOMBÉ.

BOMBÉ.

Oui, madame... et ce n'est pas sans peine... Mais quel
est ce jeune cavalier?

Mme BOMBÉ.

Vous n'étiez pas là pour me donner le bras... J'ai pris celui de monsieur, qui est un substitut, ou à peu près.

LUCEVAL, *à Bombé.*

Trop heureux, monsieur, d'être le vôtre.

BOMBÉ.

C'est ce que je vois.

Mme BOMBÉ.

Vous êtes, sans doute, arrivé depuis long-tems ?

BOMBÉ.

Eh ! non vraiment... A l'instant même... car tous les malheurs tombent sur moi, depuis que j'ai eu celui d'être juré.

LUCEVAL.

Un malheur!... vous appelez ainsi des fonctions honorables...

AIR : *Que n'avons-nous la verve heureuse* (du Tribunal de la reine Berthe).

> Gloire à ce tribunal auguste
> Qui, placé loin de la faveur,
> N'a qu'un désir, c'est d'être juste,
> Et ne redoute que l'erreur ;
> Qui, dans sa noble indépendance,
> N'a, soit qu'il frappe ou qu'il sauve un mortel,
> D'autre loi que sa conscience,
> Et d'autre juge que le ciel.

BOMBÉ.

Je le sais bien ; et c'est ce que me dit ma femme, qui tient aux honneurs... qui tient à paraître... parce que la coquetterie avant tout... Mais moi, je suis un citoyen paisible et prudent, qui me suis enrichi dans les télescopes, et j'y vois de loin... Aussi je me dis : J'ai fait ma fortune, que d'autres la fassent... Je n'ai besoin de personne ; personne ne doit avoir besoin de moi... Il y en a qui, quand on crie au voleur, ou au feu, ouvrent leurs fenêtres : moi, je ferme ma porte, et je dis : Tirez-vous en comme vous pourrez.

LUCEVAL.

Et si le feu qui prend chez le voisin' gagne jusqu'à votre maison?

BOMBÉ.

Les pompiers sont là... c'est leur état.

Air : *Comme il m'aimait.*

Chacun pour soi, (*bis.*)
Cela me semble raisonnable.
Chacun pour soi, (*bis.*)
Voilà ma devise et ma loi.
Qu'on ait bon vin et bonne table,
Bons revenus et femme aimable...
Chacun pour soi, (*bis.*)
Chacun pour soi. (*bis.*)

Mais j'ai des voisins qui, par malheur, ne partagent pas mon système... Ce sont eux qui m'ont dénoncé... ils m'ont fait mettre d'office sur la liste du jury.

Mme BOMBÉ.

Plaignez-vous donc!... cela prouve que vous êtes électeur.

LUCEVAL.

Vous êtes un des plus imposés du quartier, et par conséquent un des plus riches.

BOMBÉ

Riche! riche!... je ne le serai pas long-tems si cela continue... Savez-vous ce qu'il m'en coûte pour avoir manqué la séance d'hier?... Cinq cents francs!..

LUCEVAL.

C'est le prix.

Mme BOMBÉ.

Ah! mon Dieu!.. une parure de bal ne coûterait pas davantage.

BOMBÉ.

Cinq cents francs!..

LUCEVAL.

Et par votre absence, ne risquiez-vous pas de coûter bien davantage aux malheureux sur lesquels vous étiez appelé à prononcer?.. Qui sait si la Providence ne vous

destinait pas à découvrir la vérité?... à sauver un innocent?...
à éclairer du moins la religion de vos collègues?..

BOMBÉ.

Non, monsieur... je ne leur aurais servi à rien... je me
connais... en fait de jugement, je n'en ai que bien juste ce
qu'il me faut pour mon usage particulier.

AIR *de Marianne.*

Je vous le dis en toutes lettres,
Je ne suis pas homme de loi ;
Je ne m'entends qu'en baromètres,
C'est mon état, c'est mon emploi.
   Qu'un avocat,
   Qu'un magistrat,
   Au tribunal,
  Dicte l'arrêt fatal !
   Ce que je peux
   Faire pour ceux
Qui, pour juger, vont siéger avec eux,
  C'est de fournir, sans bénéfice,
Des besicles.

LUCEVAL.

Bien obligé.

BOMBÉ.

C'est là le seul moyen que j'ai
  D'éclairer la justice.

Et si cette considération pouvait m'exempter de l'a-
mende... ou la faire diminuer... aidez-moi de vos conseils.

LUCEVAL.

Écoutez...

AIR *de la walse de Robin des Bois.*

Dans un instant va s'ouvrir l'audience,
(*A Mad. Bombé.*)
  Pour vous guider, daignez prendre mon bras.

BOMBÉ, *bas à sa femme.*

De ce monsieur je crains la complaisance,
Et j'aime autant que vous n'acceptiez pas.

LUCEVAL.

Dépêchons-nous, car il est une amende
Pour les témoins qui se sont absentés.

BOMBÉ, *vivement.*

Partez alors, partez, je le commande ;
(*Voyant Luceval qui prend le bras de sa femme.*)
Il me faut donc payer de tous côtés.

LUCEVAL.

Dans un instant va s'ouvrir l'audience,
Pour vous guider, daignez prendre mon bras ;
Je suis heureux, dans cette circonstance,
D'être chargé de diriger vos pas.

(*Il sort par le fond avec Mad. Bombé.*)

Mme BOMBÉ.

Dans un instant va s'ouvrir l'audience,
Avec plaisir j'accepte votre bras ;
Je suis heureuse, en cette circonstance,
D'avoir quelqu'un pour diriger mes pas.

BOMBÉ.

De ce monsieur je crains la complaisance,
J'aimerais mieux qu'elle n'acceptât pas ;
Mais elle doit aller à l'audience,
Il faut quelqu'un pour diriger ses pas.

SCÈNE IV.

BOMBÉ ; *puis* M. COQUELET.

BOMBÉ.

Ce monsieur s'en va avec ma femme... sans me répondre au sujet de mon amende... Qui pourrai-je consulter, sans que cela me coûte rien?... (*Il fouille dans sa poche.*) Eh ! mais, où donc ai-je mis ma citation ?... (*Il approche des gendarmes avec lesquels il cause pendant tout le tems que M. Coquelet parle à ses cliens.*)

M. COQUELET, *chargé de paperasses et entouré de plusieurs plaideurs, entre par le fond, à gauche.*

J'examinerai cela avant de me coucher... et je me coucherai tard... car j'ai justement deux bals ce soir... (*A un autre.*) Nous sommes en instance, et je dîne aujourd'hui avec le président... nous parlerons de vous au dessert. (*A un troisième.*) Votre affaire est sûre... Nous l'avons perdue... mais nous gagnerons en appel. Vous pouvez vous en rapporter à moi... je ne me trompe jamais. (*Les plaideurs sortent par le fond, M. Coquelet sur le devant de la scène à gauche.* Ouf! respirons, je ne sais auquel entendre... J'ai donné chez moi à danser toute la nuit... Une soirée charmante... un jeu d'enfer... et j'ai ce matin quatre causes à plaider... Je n'aurai jamais le tems de lire les dossiers... Heureusement, pour la première affaire... j'en ai causé hier avec mon client, en jouant à l'impériale; et cela en donne toujours une idée...

BOMBÉ, *l'examinant.*

N'est-ce pas M. Coquelet?

COQUELET.

Qui m'appelle?

BOMBÉ.

Vous ne reconnaissez pas M. Bombé?

COQUELET.

L'ingénieur-opticien.

BOMBÉ.

Qui, par ses observations météorologiques, a rendu de si grands services au public parisien.

COQUELET.

C'est, ma foi, vrai.

BOMBÉ.

Car enfin, l'hiver, au mois de janvier, qui vient-on consulter?

AIR: *Dans ma chaumière.*

Mon thermomètre: (*bis.*)
Aussi, chacun en grelottant,
A ma porte, droit comme un mètre,
Apprend qu'il fait froid, en voyant
Mon thermomètre. (*bis.*)

COQUELET.

C'est une belle invention.

BOMBÉ.

Qu'on voulait me disputer... aussi, c'est à ce sujet que vous avez plaidé pour moi, il y a dix ans... Vous ne vous rappelez pas?

COQUELET.

C'est, ma foi, vrai... mais dans notre état, où nous plaidons souvent le froid et le chaud... une pareille affaire

peut s'oublier... J'étais jeune alors... je commençais...
je plaidais à deux cents francs.

BOMBÉ.

A quatre cents... s'il vous plaît.

COQUELET , *avec satisfaction.*

Vraiment?... je ne croyais pas être déjà si avancé...
Depuis j'ai pris mon vol... je suis devenu un des aigles du
barreau... et je vends un peu plus cher mes paroles.

BOMBÉ.

C'est ce qu'on dit... et je serais fâché de vous en faire
perdre , au prix où elles sont.

COQUELET.

Laissez donc... je parle quelquefois gratis... avec ma
femme, avec mes amis... non que je sois intéressé ; mais ,
par ma position, je suis obligé d'être cher... sans cela j'aurais trop de monde à défendre... c'est l'inconvénient d'une
grande réputation... du reste, je ne tiens pas à l'argent, je
le méprise... mais il faut que j'en gagne, parce que j'en
dépense beaucoup... Grâce à ce système , j'ai fait un beau
mariage... une femme charmante, de la naissance, de la
fortune... ce qui a doublé mes revenus et ma clientelle.
Aussi j'éblouis ceux qui viennent chez moi... on se demande si c'est un pair de France?... non; c'est un avocat... et l'on conçoit une haute idée d'une éloquence qui a
une voiture... un hôtel , et des laquais en livrée.

BOMBÉ.

Eh bien! moi, c'est cette éloquence-là qui m'effraie...
car j'avais quelque chose à vous demander, et je n'ose plus.

COQUELET.

Pourquoi donc?... est-ce une affaire à plaider ?... me
voilà !

BOMBÉ.

Non... deux mots de consultation.

COQUELET , *tirant sa montre.*

J'ai cinq minutes à vous donner.

BOMBÉ.

Je les prends... Je suis du jury... et j'ai une femme
jeune et jolie.

COQUELET.

C'est, ma foi, vrai ; et j'ai des complimens à vous faire.
Je suis allé une fois dans vos magasins acheter, pour ma
terre de Choisy, une longue-vue de cinq cents francs....
que je vous dois encore.

BOMBÉ.

C'est bien... on vous enverra la facture.

COQUELET.

J'ai vu là, en votre absence, une femme charmante...
qui m'a reçu à merveille.

BOMBÉ.

Je crois bien... elle est si coquette !... et je me suis dit
hier : Me voilà pour trois semaines à la Cour d'Assises.

AIR : *Chacun de son côté.*

Matin et soir, pendant ces trois semaines,
Loin de chez moi, je m'en vais être absent.

COQUELET.

Eh ! quoi c'est là ce qui cause vos peines ?

BOMBÉ.

Pour un mari c'est fort peu rassurant.
En condamnant les autres, dans mon ame,
Je tremblerais, en songeant aussitôt,
Que je puis être, hélas ! près de ma femme,
Condamné par défaut.

COQUELET, *riant.*

Est-ce que vous êtes jaloux ?

BOMBÉ.

Il y a des jours.... où j'ai des idées.

COQUELET.

Laissez donc...

BOMBÉ.

Où je crois voir...

COQUELET.

Erreur ! vous avez chez vous des verres qui grossissent
les objets... Faites comme moi... pendant trois mois ma
femme a été prendre les eaux de Néris, et voyager pour sa
santé... je ne m'en suis pas inquiété un moment... parce

que j'ai confiance en mon étoile... Ma foi, mon cher (*regardant sa montre*) les cinq minutes sont expirées... (*Il fait deux pas pour sortir.*)

BOMBÉ, *le retenant.*

Et je n'ai encore rien dit... c'est vous qui avez toujours parlé...

COQUELET, *revenant.*

Pourquoi n'allez-vous pas au fait? Voyons, vous êtes au nombre des jurés.

BOMBÉ, *vivement.*

Mieux que cela... je suis dans ce moment au nombre des condamnés...

COQUELET.

Il serait possible !

BOMBÉ, *de même.*

Parce que, à cause de ce que je vous disais tout à l'heure, j'ai manqué à la séance d'hier... dans une affaire où ma femme est témoin... et si, par votre crédit... vous pouviez m'arranger cela...

COQUELET.

Rien de plus facile... Dès que votre femme est témoin, vous pouviez vous récuser... En allant à la sixième chambre, où j'ai affaire, nous entrerons dans le cabinet de l'avocat-général, à qui j'en dirai deux mots.

BOMBÉ.

Quelle reconnaissance !...

COQUELET.

Du tout... à un ami... à un ancien client, je ne prends point d'honoraires... Nous nous entendrons toujours bien.

BOMBÉ.

Ah ! monsieur !

COQUELET.

Il ne sera plus question de la longue-vue que je vous dois... et voilà tout...

BOMBÉ.

Ah ! mon Dieu !... Mais à ce compte... j'aime tout autant...

COQUELET, *vivement.*

Air *de la Tarentelle.*

Nous réussirons, j'espère,
Quoiqu'une pareille affaire
Soit peu de mon ministère ;
C'est pour vous, cela suffit...
Oui, dans cette conjoncture,
C'est pour vous seul, je le jure
Et c'est par amitié pure,
Que j'emploierai mon crédit.

BOMBÉ.

Autant valait, sans disputes,
Payer l'amende à l'instant ;
Cinq cents francs pour cinq minutes !..

COQUELET.

Allons, partons promptement.
Mon tems ne peut me suffire...

BOMBÉ.

Je conçois, moi qui m'en sers,
Au profit qu'il en retire,
Que ses instans lui sont chers.

BOMBÉ.

Pour moi la maudite affaire !
Au diable son ministère !
Et d'une amitié si chère,
Quel est pour moi 'e profit ?

COQUELET.

Nous réussirons, j'espère,
Quoiqu'une pareille affaire
Soit peu de mon ministère,
C'est pour vous, cela suffit.

ENSEMBLE.

(Ils sortent par le fond à gauche.)

SCÈNE VI.

GIROUX, *puis* LUCEVAL.

GIROUX, *entrant par le fond, et s'adressant à Bombé et à Coquelet qui sortent.*

Messieurs, pourriez-vous me dire si on va bientôt commencer les condamnations là-dedans ?

BOMBÉ, *en s'en allant.*

Eh ! laissez-moi tranquille...

GIROUX.

Ils s'en vont sans me répondre... Excusez de la poli-
tesse... Je croyais que le noir était de la maison, à cause
de son uniforme... Ah ! il n'y a qu'une affaire intéres-
sante, celle de M. Germeuil ; et c'est celle-là que je voudrais entendre... J'ai déjà été à la Conciergerie, où je l'ai
vu passer... Un joli jeune homme, ma foi... bien mis,
beau linge, et immensément riche... Il paraît qu'il vole
pour son plaisir...

LUCEVAL, *rentrant par le fond.*

Voilà ma jolie dame placée au banc des témoins... elle
est fort aimable... mais un peu coquette... Ah ! quelle
différence... ce n'est pas là... (*Voyant Giroux.*) Tiens...
c'est vous, mon ami ?

GIROUX.

Dieux ! ce monsieur l'avocat, chez qui j'ai posé des son-
nettes, qui me reconnaît.

LUCEVAL.

Qu'est-ce que vous venez donc faire ici ?

GIROUX.

Rien, monsieur... Je veux voir... en passant.

LUCEVAL.

Plutôt que de rester chez vous à travailler... Est-ce que
vous manqueriez d'ouvrage ?

GIROUX.

Bien au contraire... j'en ai trop... Mais je m'en vais
vous dire... c'était hier dimanche... et aujourd'hui je
me suis senti mal à la tête... Alors, je me suis dit : Il
faut prendre l'air, se distraire... c'est pour ça que je suis
venu...

LUCEVAL.

C'est très-mal de perdre ainsi toute une journée !...

GIROUX.

Je rattraperai cela la nuit...

LUCEVAL.

Vous qui êtes établi, qui avez sans doute une femme...

GIROUX.

Et une fameuse... Mais aujourd'hui c'est comme si je n'en avais pas... elle est à dîner chez une parente, et je profite de son absence pour m'échapper... Elle me croit à la boutique... si elle savait que j'ai décampé, elle ferait un fier tapage...

LUCEVAL.

Et elle aurait raison.

GIROUX.

Mais aussi elle n'en saura rien... (*A part.*) Je m'en vais tâcher de me faufiler... (*Il cherche à se glisser parmi les personnes qui font queue.*)

Mme GIROUX, *sans voir son mari.*

Ne poussez donc pas comme ça. (*Se retournant.*) Tiens, c'est toi?

GIROUX.

Ma femme!

Mme GIROUX.

Mon mari!

TOUS.

Tiens, c'est sa femme!...

LES FEMMES.

Ah! c'est son mari!...

GIROUX, *quittant la queue, et venant avec sa femme sur le devant du théâtre à droite* *.

V'là donc comme tu vas chez la cousine!

Mme GIROUX.

V'là donc comme tu restes à la maison!

GIROUX.

Queuqu't'as besoin au Palais?

Mme GIROUX.

J'venais t'y chercher.

---

* Mme Giroux, Giroux, Luceval.

GIROUX.

Air *de M. Guillaume.*

Au lieu de coudre et d'faire un blanchissage !

Mme GIROUX.

N'faudrait-il pas te r'passer un jabot ?

GIROUX.

Tu n'as pas d'soin.

Mme GIROUX.

Et toi pas de courage.
Au lieu de battr' le fer quand il est chaud...

GIROUX.

J'connais mon d'voir, faut qu'chacun ait son lot.
Le mari sort et s'promèn'... c'est l'usage ;
Mais du logis la femm' n'doit pas bouger.
Voilà comment, quand on fait bon ménage ,
Tout doit se partager.

Et tu vas retourner chez nous.

Mme GIROUX.

Marche d'abord, et je te suivrai.

LUCEVAL.

Eh ! mon Dieu... partez de compagnie... c'est ce que vous avez de mieux à faire.

GIROUX et Mme GIROUX.

C' monsieur dit vrai... partons. (*Ils font quelques pas.*)

Mme GIROUX , *s'arrêtant.*

Dis donc, not' homme... la porte de la boutique est-elle bien fermée ?

GIROUX.

A double tour... et c'est une serrure de ma façon.

Mme GIROUX.

Nous pouvons comme ça être tranquilles ?

GIROUX.

J'en réponds.

Mme GIROUX.

Puisque nous sommes tout portés... si nous allions ensemble le voir condamner... Ce sera un dimanche de plus dans la semaine.

GIROUX.

Tu as raison... on a supprimé tant de fêtes... Allons le voir condamner. (*Ils vont se mêler dans la foule qui est à la porte de la Cour d'Assises.*)

LUCÉVAL, *à part.*

Ils y reviennent... Voilà tout l'effet qu'a produit ma harangue. (*Les portes du tribunal s'ouvrent, la foule se précipite sur l'escalier.*)

TOUS.

AIR : *Travaillons* (du Maçon).

V'là l'moment,
V'là l'instant,
De n'pas perdre son rang ;
Avançons
Et poussons,
Et nous arriverons.

PLUSIEURS VOIX.

Avancez.

D'AUTRES VOIX.

Vous poussez.
Finissez...
Ah ! que vous nous pressez......

TOUS.

Avançons
Et poussons,
Et nous arriverons.

(*Plusieurs dames viennent se mettre encore à la queue et montent avec la foule, ce qui complète le tableau ; tout le monde entre ; il ne reste en scène que Lucéval.*)

SCÈNE VII.

LUCÉVAL, *seul.*

Enfin, ils sont entrés... ils ont obtenu le prix de trois heures d'attente... Homme du monde, et homme du peuple, riches et gueux, gens oisifs et gens qui ne devraient pas l'être, confondus pêle-mêle, se coudoyant, en habits

noirs ou en veste, vont maintenant se disputer les meil-
leures places... (*Avec ironie.*) Il est en effet si doux d'ob-
server l'abattement de l'accusé, la pâleur de son visage...
(*Changeant de ton.*) Ce qui me révolte le plus, c'est de voir
des femmes... assister à de pareilles scènes, à ce spectacle
douloureux... Ce n'est point à de telles fêtes que je rencontre
celle que j'aime... Mme de Mercourt sait mieux employer
son tems... elle connaît trop bien le rôle qui convient à son
sexe !... Modeste, timide, réservée, l'idée d'un tribunal
lui fait peur; et ce n'est qu'en tremblant qu'elle passe à côté
du Palais de Justice... (*Se retournant, et voyant Mme de
Mercourt qui entre par le fond, à gauche.*) Ah ! mon Dieu !
qu'ai-je vu !... moi qui la croyais loin de Paris... Comment se fait-il ?... il faut que quelque procès ait hâté son
retour... et ne pas m'en avoir parlé...

SCÈNE VIII.

LUCEVAL, Mme DE MERCOURT.

Mme DE MERCOURT.

Ah ! vous voilà, monsieur... Aussitôt mon arrivée, j'a-
vais envoyé chez vous.

LUCEVAL.

Il serait possible !

Mme DE MERCOURT.

Vous étiez sorti; et je suis bien aise de vous rencontrer...
N'est-ce pas ce matin que se juge l'affaire de M. Germeuil ?

LUCEVAL, *à part avec beaucoup d'étonnement.*

Comment !... elle aussi ! (*Haut.*) Oui, madame, c'est
ce matin... (*D'un air piqué.*) Est-ce là ce qui vous amène ?

Mme DE MERCOURT.

J'étais en voyage, quand j'ai appris les détails de cette
affaire, qui m'intéresse plus que je ne peux dire.

LUCEVAL.

Vous n'êtes pas la seule ! toutes les dames de ma connaissance...

Mme DE MERCOURT.

Elles ont bien raison... moi plus que toute autre. (*En*

confidence.) Nous sommes au désespoir... Un jeune homme de vingt-deux ans, d'une grande fortune et d'une famille... (*A demi-voix.*) S'il faut vous le dire, qui est alliée à la mienne.

LUCEVAL.

O ciel! et vous ne m'en parliez pas !

Mme DE MERCOURT.

Ah! c'est à vous surtout que j'aurais voulu le cacher.

LUCEVAL.

Quoi ! vous pourriez croire...

Mme DE MERCOURT , *vivement.*

Il est innocent... je vous le jure... J'en ai la preuve et cependant tout me fait craindre qu'il ne soit condamné.

LUCEVAL.

Ce n'est pas possible !

Mme DE MERCOURT.

Ah! vous ignorez combien sa position est bizarre... Je puis tout vous confier... Je connais votre discrétion, et j'ai tant besoin de vos conseils.

LUCEVAL.

Parlez, de grâce !...

Mme DE MERCOURT, *après avoir regardé si personne ne l'écoute.*

Une jeune dame que ses parens croyaient aux eaux de Néris, habitait depuis quelque tems une campagne où elle vivait très-retirée, ne voyant personne, et laissant ignorer jusqu'à son nom.

LUCEVAL.

Elle avait probablement pour cela des raisons...

Mme DE MERCOURT.

Peut-être.

LUCEVAL.

Je ne cherche point à les connaître... Continuez, je vous prie.

Mme DE MERCOURT.

Un matin elle est obligée de quitter cette maison qu'elle avait louée , et de revenir en toute hâte à Paris... Je ne

vous dirai point le motif de ce brusque départ... Mais le
soir même on entend du bruit dans la chambre qu'elle avait
quittée... on y monte... on trouve un jeune homme qui
avait pénétré dans l'appartement en brisant un carreau de la
croisée... On l'arrête; c'était M. Germeuil... On l'inter-
roge... il balbutie... On le presse de questions, il ne ré-
pond pas : on l'accuse de vol, son silence semble un aveu.
D'un mot il pourrait se justifier... Il ne le veut pas.

LUCEVAL.

Et comment savez-vous tous ces détails ?

Mme DE MERCOURT.

Par une personne que je connaissais à peine... que je
suis loin d'excuser... mais que je ne puis m'empêcher de
plaindre.... Elle est venue ce matin se jeter dans mes
bras; elle m'a tout avoué... Ils s'aimaient depuis long-
tems... Un hymen odieux les a séparés... Elle a un nom,
une famille respectable, et si elle doit elle-même procla-
mer son déshonneur, elle est décidée à mourir.

LUCEVAL.

Grand Dieu !

Mme DE MERCOURT.

D'un autre côté doit-on laisser condamner ce pauvre
Germeuil ?

LUCEVAL.

Quel est son avocat ?

Mme DE MERCOURT.

Il n'en a pas; il a refusé de le choisir... Sa famille est
désolée... elle offre dix mille francs au défenseur qui ten-
tera de le sauver... Mais comment y parvenir sans compromettre (*avec embarras*) celle qu'il aime ?

LUCEVAL.

Oui, je comprends, c'est délicat... mais, à tout hasard,
je crois qu'il faudrait que cette dame déclarât la vérité dans
un billet confidentiel... on ne ferait usage de cet écrit qu'à
la dernière extrémité.

Mme DE MERCOURT.

J'aimerais mieux qu'on n'eût pas besoin de ce moyen-là...
Il faudrait qu'on pût trouver un avocat dont la seule éloquence...

LUCEVAL.

Je comprends... mais c'est bien difficile... tandis que de l'autre manière...

Mme DE MERCOURT.

Enfin, monsieur, vous qui avez l'habitude de ces lieux... tâchez de me trouver le défenseur qu'il nous faudrait... nous n'avons pas un instant à perdre...

LUCEVAL.

Que ne suis-je inscrit sur le tableau !... que ne puis-je plaider ! je ne laisserais pas à d'autres le soin de le défendre... Mais, soyez tranquille... je connais toutes les notabilités du barreau..

Mme DE MERCOURT.

Je compte sur vous.

LUCEVAL.

Air *de Léonide.*

A l'espoir, au bonheur,
Je sens s'ouvrir mon ame,
A l'espoir qui m'enflamme,
Je sens battre mon cœur.

Mme DE MERCOURT.

Je vais, à l'amitié fidèle,
La trouver; elle n'est pas loin.....
Et s'il le faut, exiger d'elle
L'écrit dont vous avez besoin.....
Vous, cherchez parmi vos confrères.....

LUCEVAL.

Ah! trop heureux de vous servir!

Mme DE MERCOURT.

Et si vous pouvez réussir,
Je me charge des honoraires.

ENSEMBLE.

A l'espoir, au bonheur.
Je sens s'ouvrir mon ame;
A l'espoir qui m'enflamme,
Je sens battre mon cœur.

(*Mad. de Mercourt sort par le fond.*)

LUCEVAL, *seul.*

Voyons à qui je m'adresserai... Nous avons beaucoup
d'avocats, mais fort peu d'orateurs... et dans cette circonstance feu Cicéron ne serait pas de trop. (*Il reste immobile,
et livré à ses réflexions.*) Et parbleu, j'aperçois dans la
grand'salle un confrère auquel je ne pensais pas... Il n'est
pas plus savant qu'un autre; mais il plaide trois affaires
par jour... Ça lui tient lieu de mérite, et cela lui a donné
de l'expérience... Il a l'oreille des juges... enfin, il passe
pour un homme habile.

SCÈNE IX.

LUCEVAL, COQUELET.

COQUELET, *entrant par la gauche.*

Des remises!... toujours des remises!... Comme l'éloquence s'arrange de cela!...

LUCEVAL.

Vous me paraissez bien échauffé, M. Coquelet?

COQUELET.

Comme un athlète au sortir du combat... couvert de
sueur et de poussière : *grato pulvere*... comme l'on dit,
quand il s'agit d'une victoire.

LUCEVAL.

Vous avez gagné votre cause?

COQUELET.

Oui, la première. Je m'attendais à un second triomphe ;
mais il est ajourné à huitaine, par la faute d'un témoin,
qui s'est tout exprès donné une entorse, pour m'arrêter dans
mes succès.

LUCEVAL.

C'est très-contrariant.

COQUELET.

J'en suis désolé... (*Se frappant sur le front.*) J'avais là
mon exorde tout prêt..... il ne demandait qu'à sortir.....
(*Déclamant.*) « S'il est un spectacle digne de porter dans
les ames une émotion profonde, c'est celui d'une femme

arrivée au terme de sa carrière, et qui a, pour ainsi dire, un pied dans la tombe, sous le poids d'une accusation, etc., etc. » Eh bien ! il faudra garder cela pour une meilleure occasion... Me voilà condamné au silence pour la journée... c'est dur !

LUCEVAL.

Cela se trouve à merveille ; j'ai une affaire à vous proposer.

COQUELET.

Vraiment, mon jeune ami !

LUCEVAL.

Mais il faudrait plaider à l'instant même , et sans préparation.

COQUELET.

C'est ce qu'il me faut... Je ne parle jamais mieux que quand je ne sais pas ce que je vais dire... alors je m'étonne moi-même... Mais de quoi est-il question ?... est-ce une affaire qui en vaille la peine ?... ou tout bonnement un service à rendre ?... quelque malheureux à défendre d'office ?... Ce n'est pas perdu ; on le fait mettre le lendemain dans la *Gazette des Tribunaux*, et plus tard cela se retrouve.

LUCEVAL.

Le prévenu dont je vous confie les intérêts sera un jour millionnaire...

COQUELET.

Diable !... Il a droit à des égards particuliers.

LUCEVAL.

La famille vous offre dix mille francs.

COQUELET.

C'est beaucoup... mais c'est égal, je les accepte.

LUCEVAL.

Je vais vous dire en deux mots de quoi il s'agit... (*Il le prend par le bras , et se promène avec lui dans la galerie tout en lui parlant à voix basse.*)

SCÈNE X.

LES PRÉCÉDENS, GIROUX, Mme GIROUX, Mme SA-
BATIER. (*Elle descend l'escalier soutenue par deux gendarmes.*)

GIROUX.

J'en étais sûr ; encore un événement.

Mme GIROUX.

Ce n'est pas un événement... Une femme qui se trouve
mal, ça se voit à chaque instant... c'est l'émotion (*Le gendarme fait asseoir Mme Sabatier sur une chaise qui se trouve
auprès de l'escalier.*)

GIROUX.

Eh ! non, c'est la chaleur... on étouffe là-haut... (*Au
gendarme.*) Donnez-lui de l'air à cette femme ; il ne lui faut
pas autre chose.

LE GENDARME, *d'un ton brusque.*

On n'a pas besoin de vos conseils.

GIROUX.

Je ne vous demande rien pour cela !... Est-il gentil...
le chapeau galonné !...

Mme GIROUX, *quittant Mad. Sabatier.*

Ça n'aura point de suite ; elle est d'ailleurs en bonnes
mains...

GIROUX.

Dis donc, ma femme, a-t-il bien parlé le témoin !...

Mme GIROUX.

Oui, le premier ; mais le second, il n'a rien dit... Est-
ce qu'on devrait venir devant le monde quand on n'a rien
à dire ?

GIROUX.

Tu as raison... Moi, si j'avais un jour le bonheur d'être
témoin, comme j'en dirais... Tu m'as entendu dans l'affaire des fausses clefs... quand il a parlé de la gachette du
volet, je lui ai crié : L'espagnolette !... et le président m'a
répondu : Silence... Cependant quand on dit des bêtises.

Mme GIROUX.

C'est égal ; il faut les entendre par respect pour le tribunal... Ah ! ça, il y en aura encore pour long-tems là-dedans ; il faudrait prendre nos précautions. (*Le gendarme sort.*)

AIR *de Turenne.*

Tu devrais bien, car la faim me tourmente,
Aller chercher quelque chose.

GIROUX.

Oui-dà.

J'dem nd'pas mieux.....

(*Montrant Mad. Sabatier.*)

Mais c'te dame est souffrante ,
Ça m'fait d'la pein' de la quitter comm' ça...
Faudrait au moins s'informer de c'qu'elle a.

Mme GIROUX.

Bah ! son état ne m'cause plus d'alarme.

GIROUX.

Ell' doit au fait s'trouver en sûreté,
Puisque nous laissons sa santé
Sous la surveillanc' d'un gendarme.   (*Il sort.*)

(*Le gendarme rentre, portant un verre d'eau qu'il offre à Mme Sabatier.*)

Mme SABATIER , *au gendarme.*

Merci, gendarme... Mon Dieu ! que d'humanité dans ce
corps-là !...

Mme GIROUX , *à Mad. Sabatier.*

Il paraît que cela va mieux...

Mme SABATIER.

Oui, je me suis tout-à-fait remise... les idées me reviennent peu à peu. (*Changeant de ton.*) Où en est-on des dé--
positions ?

Mme GIROUX.

Vous n'avez rien perdu d'intéressant.

Mme SABATIER.

Je crois, malgré cela, qu'il serait prudent de remon-
ter... J'ai ma fille qui est là, avec M. Théophile, qui me
garde une place... Si vous vouliez me donner le bras...

Mme GIROUX.

Avec plaisir... Nous sommes là à perdre notre tems pendant qu'il se dit peut-être des choses superbes. (*Elles remontent l'escalier de la Cour d'Assises.*)

SCÈNE XI.

LUCEVAL, COQUELET.

COQUELET.

C'est entendu... je me chargerai de l'affaire... M. Germeuil... je l'ai beaucoup connu ; oui, je l'ai vu dans plusieurs sociétés, dans des bals... parbleu à celui de mes noces ; oui, je crois même qu'il a fait danser ma femme...

LUCEVAL.

Et vous espérez le sauver !...

COQUELET.

Ce sera difficile ; mais, *in hoc triumphat oratio*, nous ferons tout notre possible... Écrivez-lui qu'un avocat distingué se charge de plaider sa cause, sans compromettre les personnes qui l'intéressent, et faites remettre ça par le gendarme, avec la permission du président.

LUCEVAL, *écrivant sur son carnet.*

Il va l'avoir dans l'instant. (*Il remet le papier au gendarme.*)

COQUELET, *portant la main à son front.*

Je tiens là sa justification... Voilà mon exorde : « S'il est un spectacle digne de porter dans les ames une émotion profonde, c'est celui d'un homme qui commence sa carrière, qui n'a encore posé, pour ainsi dire, qu'un pied sur le seuil de la vie, et qui se trouve sous le poids d'une accusation, etc... » (*A Luceval.*) Heim ! qu'en pensez-vous ?

LUCEVAL.

Mais c'est ce que vous deviez dire pour cette vieille femme, et vous l'appliquez à un jeune homme.

COQUELET.

Qu'importe ?... l'éloquence n'a point d'âge...

Air : *Le Luth galant, etc.*

En y changeant quelques mots, quelques tours,
En tous les tems on place un bon discours ;
Combien d'hommes d'état dont la France s'honore,
Qui n'en ont jamais qu'un bien ronflant, bien sonore,
Ça leur servait jadis, et ça leur sert encore ;
Ça servira toujours.

Ah ! çà , vous m'avez mis au courant de l'affaire que je vais plaider... je la possède à merveille... J'aurais cependant encore désiré quelques petits détails.

SCÈNE XII.

COQUELET, LUCEVAL, Mme DE MERCOURT,
(*Rentrant par le fond.*)

Mme DE MERCOURT, *à part.*

Je viens de renvoyer cette pauvre femme..... Je l'ai forcée de partir pour sa terre de Choisy... J'aime mieux qu'elle attende là l'issue du procès... Personne ne sera témoin de son inquiétude, de ses larmes.

LUCEVAL, *voyant Mad. de Mercourt, à Coquelet.*

Et justement, voici Mme de Mercourt qui va vous les donner.

Mme DE MERCOURT, *à Luceval.*

Eh bien , monsieur ?

LUCEVAL.

J'ai trouvé ce qu'il nous faut... J'ai communiqué l'affaire à un avocat distingué... M. Coquelet.

Mme DE MERCOURT.

M. Coquelet... le mari...

LUCEVAL.

Dieu ! qu'ai-je fait !

COQUELET, *s'approchant et saluant* *.

C'est Mme de Mercourt, cette jeune et aimable veuve , dont j'ai déjà eu l'honneur d'être l'avocat.

Mme DE MERCOURT, *avec embarras.*

C'est possible, monsieur.

---

* Luceval, Coquelet, Mme de Mercourt.

COQUELET.

Enchanté de pouvoir vous offrir encore mes services...
mon confrère m'a promis que vous me fourniriez des ex-
plications sur certaines circonstances.

Mme DE MERCOURT.

Il a eu tort... Je ne sais rien ; je n'ai rien dit, et je ne
puis comprendre...

LUCEVAL.

Quel embarras !

COQUELET, *s'arrêtant.*

Pardon, en ma qualité d'avocat, je crois avoir des droits
à votre confiance ; les secrets que l'on nous communique
ne sortent pas de nos dossiers.. D'ailleurs, j'en sais assez
pour que vous puissiez me dire le reste sans le moindre inconvénient.

Mme DE MERCOURT, *à part.*

Je suis au supplice.

COQUELET.

Il s'agit ici de l'intérêt de la cause... Avez-vous obtenu
la déclaration dont nous avions besoin ?

Mme DE MERCOURT, *avec le plus grand embarras.*

La déclaration?

COQUELET.

Oui, ce papier que vous venez de serrer.

Mme DE MERCOURT.

Un papier ! je ne crois pas...

COQUELET.

Si fait... Mais il paraît que c'est un mystère. (*A Luceval.*)
Je comprends... je n'insiste plus...

LUCEVAL.

Que voulez-vous dire ?

COQUELET, *bas à Luceval.*

Que c'est elle qui est la dame en question...

LUCEVAL.

Quelle idée !

COQUELET, *de même.*

J'en suis sûr... Comme j'ai été son avocat, que je con-

nais son écriture, elle ne veut pas me confier le billet,
ni avouer devant moi ce qui en est...

LUCEVAL.

Quel soupçon !

COQUELET.

C'est égal... ça ne m'empêchera pas de gagner loyale-
ment mes dix mille francs... Je plaiderai par supposition...
vous entendez ?

LUCEVAL, *distrait, et observant Mme de Mercourt.*

Parfaitement.

COQUELET, *à Luceval.*

Je dirai donc aux jurés : « Admettons que le prévenu ait
été attiré par deux beaux yeux. » (*Regardant Mme de
Mercourt, et à part.*) C'est bien ça. (*Haut.*) « Une taille charmante... » (*A part.*) C'est bien ça... (*Haut.*) « Un sourire
enchanteur... » (*Bas.*) C'est encore ça... (*Haut.*) En un mot,
je désignerai la dame sans la nommer ; je présenterai la
vérité sous la forme du doute ; je ferai un roman histori-
que, d'autant qu'en ce moment ils sont à la mode... Mais,
comme il est bon de se ménager toutes les chances, dites-
lui qu'il n'est pas nécessaire que le billet passe par mes
mains. .

LUCEVAL.

C'est juste.

COQUELET.

Elle peut le faire remettre au président, ou à un des
membres du jury... Je n'en demande pas davantage...
Les apparences seront sauvées, et l'accusé aussi, par
contre-coup.

LUCEVAL, *d'un air préoccupé.*

Oui, je vais tâcher de la décider.

COQUELET.

Aɪʀ *d'une Nuit au château.*

Employez votre éloquence
Pour changer ses sentimens ;
Moi, je vais à l'audience
Déployer tous mes talens.

LUCEVAL.

Rien qu'un tel soupçon me blesse.

Mᵐᵉ DE MERCOURT.

Hélas! mon trouble s'accroît.

COQUELET.

Cette cause m'intéresse.

Mᵐᵉ DE MERCOURT.

Bien plus encor qu'il ne croit.

COQUELET.

Employez votre éloquence, etc.

LUCEVAL.

Je croyais à sa constance,
Je croyais à ses sermens;
Modérons en sa présence
Le trouble que je ressens.

Mᵐᵉ DE MERCOURT.

Ah! je tremble quand j'y pense;
Grand Dieu! que d'événemens!
Modérons en sa présence
Le trouble que je ressens.

ENSEMBLE.

(*Coquelet sort par la galerie à droite.*)

SCÈNE XIII.

LUCEVAL, Mᵐᵉ DE MERCOURT, *peu après* BOMBÉ.

LUCEVAL.

Et vous avez voulu que je lui laissasse une erreur qui vous accuse.

Mᵐᵉ DE MERCOURT.

Il le fallait!... L'important, comme il le dit, est de faire parvenir cette lettre au jury... A qui nous adresser?

LUCEVAL, *apercevant Bombé qui entre.*

Mais je vois un membre du jury!... (*Courant à lui.*) Eh bien! monsieur, quelle nouvelle?

BOMBÉ *.

Grâce au ciel, il y avait unanimité... Aussi je m'en lave les mains... Ce n'est pas moi plus que les autres.

____

* Bombé, Luceval, Mᵐᵉ de Mercourt.

Mme DE MERCOURT.

Le jugement est prononcé ?

LUCEVAL.

Eh ! quoi, monsieur, l'affaire Germeuil?...

BOMBÉ.

Elle vient de commencer.

Mme DE MERCOURT.

Dieu soit loué... Et ce dont vous parliez tout à l'heure ?

BOMBÉ.

C'est la première cause... Vol avec effraction... En arrivera ce qu'il pourra... J'ai dit comme les trois derniers... j'ai dit : *Oui.*

LUCEVAL.

Comment, monsieur ?

BOMBÉ.

Que voulez-vous ?

Air *du premier Prix.*

Pour juger avec certitude,
Et pour bien appliquer la loi,
Il faudrait en faire une étude...
Je n'en ai pas le tems, ma foi.
La justice est un art qu'on prouve,
Et que démontre un professeur.
C'est dans les livres qu'on la trouve.

LUCEVAL.

Eh ! non, monsieur, c'est dans son cœur.

Mme DE MERCOURT.

Et l'on vient d'appeler la cause de M. Germeuil?

BOMBÉ.

Si vous aviez vu quelle sensation dans l'auditoire... surtout quand il a paru... Une tournure distinguée, de beaux cheveux noirs !... et on criait de tous côtés... « Assis, mesdames, assis... vos chapeaux empêchent de voir. » Car les chapeaux des dames, ça gêne au tribunal comme au spectacle... Je suis resté pour entendre la déposition de

ma femme, qui était toute tremblante... Je n'ai jamais vu
d'émotion pareille... A peine si on l'entendait, quand elle
a dit : « Femme de M. Bombé, ingénieur-opticien, rue
» de l'Arbre-Sec. » On dit cela à voix haute, surtout quand
l'assemblée est nombreuse... cela donne votre adresse...
Elle aurait pu ajouter : « Fournisseur en chef de plusieurs
» académies des sciences, et breveté de plusieurs princes,
» grands personnages et gens d'état. »

Mme DE MERCOURT.

Et vous êtes sorti, après cela ?

BOMBÉ.

Oui, madame... D'après la déposition de ma femme,
je m'étais récusé, comme intéressé à l'affaire.

LUCEVAL.

Comme juré, vous pouvez toujours approcher du siége du
jury ?

BOMBÉ.

Sans contredit... j'ai encore une affaire après celle-ci...
et si elle se prolonge, je ne sais pas à quelle heure je vais
dîner.

LUCEVAL.

Eh bien, monsieur... nous vous prions de remettre au
président du jury la lettre que voici.

BOMBÉ, *passant entre les deux.*

Vous dites : cette lettre au président du jury.

Mme DE MERCOURT, *passant auprès de Bombé.*

Et aux jurés... en les priant de l'anéantir dès qu'ils en au-
ront pris connaissance. (*Bombé s'avance toujours vers l'escalier, tandis que Mme de Mercourt lui parle, en le suivant.*)
Et ne perdez pas de tems, je vous prie... car cet écrit
peut prouver l'innocence de Germeuil.

BOMBÉ, *revenant.*

Il n'est donc pas coupable ?

Mme DE MERCOURT.

Non, monsieur... Ce vol dont on l'accuse, la nuit...
à cette campagne, n'était autre chose qu'une intrigue amou-
reuse... un rendez-vous...

BOMBÉ, *étonné*.

Hein !... que dites-vous ?

Mme DE MERCOURT.

Pas autre chose... Il a été arrêté dans la chambre de celle qu'il aimait.

BOMBÉ, *à part*.

La chambre de ma femme.

Mme DE MERCOURT.

Et par discrétion... par amour... il se laisserait con-damner !... Pourriez-vous le souffrir ?...

BOMBÉ, *à part, et se promenant avec agitation*.

Oui, certainement...

Mme DE MERCOURT.

Que dites-vous ?

BOMBÉ, *furieux*.

Je dis, madame... je dis que je suis désolé de m'être récusé... et que je voudrais maintenant être juré... ne fût-ce que pour avoir le plaisir de le condamner... pour mon compte, et à mon bénéfice.

LUCEVAL et Mme DE MERCOURT, *étonnés*.

Mais qu'a-t-il donc ?... Il a perdu la tête !

BOMBÉ.

Non... tout est découvert... c'est pour ma femme qu'il venait.

Mme DE MERCOURT.

Eh ! non, monsieur... ce n'est pas pour elle.

BOMBÉ.

C'était peut-être pour moi... une visite de cérémonie... à cette heure-là... à la campagne...

Mme DE MERCOURT.

Non, monsieur...

BOMBÉ, *avec impatience*.

Eh bien, pour qui donc ?

Mme DE MERCOURT, *troublée.*

Pour qui?... Puisqu'il faut vous le dire... apprenez...
(*Voyant Coquelet qui rentre.*) Dieu!... M. Coquelet!

SCÈNE XIV.

Les Précédens, COQUELET.

COQUELET, *un mouchoir à la main* *.

Je n'en puis plus. Je n'ai jamais eu, je crois, de séance
aussi chaude.

Mme BOMBÉ, LUCEVAL, Mme DE MERCOURT.

Qu'y a-t-il?...

COQUELET, *s'éventant.*

J'ai été content de moi... Tour à tour gracieux, pa-
thétique, éloquent, mon exorde surtout... a produit un
effet...

Mme DE MERCOURT, *vivement.*

Sur les juges?

LUCEVAL, *de même.*

Sur l'assemblée?

COQUELET.

Oui, mais surtout sur l'accusé... Dès qu'il m'a vu entrer, dès le premier mot que j'ai prononcé en sa faveur,
avec cet accent de la conviction... il s'est mis à rougir, à
pâlir; il était dans une agitation qui m'a électrisé... J'ai
été beau!... je crois avoir été beau!

LUCEVAL.

Et l'affaire?... qu'en pensez-vous?

COQUELET.

Je ne la crois pas aussi belle que mon plaidoyer... La
séance a été suspendue pour un instant, et j'en profite
pour respirer... Mais j'ai bien peur pour mes dix mille
francs... Nous n'avons personne qui témoigne en faveur

---

* Luceval, Coquelet, Bombé, Mme de Mercourt.

de l'accusé... J'ai été obligé d'invoquer, pour sa défense, des probabilités, des conjectures que chacun est libre de ne pas admettre... Au lieu que si nous avions seulement un fait positif... quelques preuves orales ou écrites...

LUCEVAL, vivement, montrant M. Bombé.

Eh bien, monsieur en a entre les mains...

COQUELET.

Il se pourrait...

BOMBÉ, montrant la lettre.

Mais je les garde, et pour cause.

LUCEVAL, allant à Bombé.

Vous les rendrez, et à l'instant même.

BOMBÉ.

C'est ce que nous verrons.

COQUELET.

Jeune homme, de la modération, et laissez-moi faire. (Passant près de Bombé, et avec un accent déclamatoire.) Comment, monsieur, vous pouvez éclairer la justice et vous ne le voulez pas ! Vous vous obstinez à laisser la lumière sous le boisseau et les juges dans les ténèbres ! Que signifient cette indifférence coupable, cet oubli de tous les devoirs ?

BOMBÉ.

Cela signifie, monsieur, qu'il y a là dedans quelque chose..... que je n'ai pas besoin d'apprendre à tout le monde... des choses qui me regardent, et qui ne vous regardent pas...

COQUELET, de même.

Cela nous regarde tous... et vous n'êtes pas le maître de soustraire à la connaissance des jurés un fait qui intéresse l'honneur d'un citoyen.

BOMBÉ.

Et si cela compromet le mien ?

COQUELET.

Que dit-il ?

LUCEVAL, bas à Coquelet.

Il soupçonne cette lettre..... d'être de la main de sa femme.

CENTER: **COQUELET**, *à part.*

Ah ! mon Dieu !...

CENTER: **BOMBÉ**, *décachetant la lettre.*

C'est ce dont je vais m'assurer.

CENTER: **LUCEVAL**, *passant auprès de Bombé.*

Je ne le souffrirai pas...

CENTER: **COQUELET**, *continuant avec enthousiasme.*

Laissez, jeune homme... laissez... Eh ! qu'importe !... et quand il serait vrai !... vos affections domestiques ou particulières doivent-elles l'emporter sur des considérations générales... sur l'intérêt de la justice... *salus innocentis ante omnia*; et au nom de la société... et de la morale... (*Il prend à Coquelet un accès de toux qui le force à s'arrêter. Pendant ce tems, Bombé, malgré les efforts de Luceval, a parcouru la lettre et regardé la signature.*)

CENTER: **BOMBÉ**, *à voix basse, à Luceval.*

Dieu ! qu'ai-je vu !..... C'est de Mme Coquelet, c'est sa femme.

CENTER: **LUCEVAL**, *stupéfait.*

Que dites-vous ?

CENTER: **Mme DE MERCOURT et LUCEVAL.**

Silence !... (*Luceval repasse à la droite de Coquelet.*)

CENTER: **COQUELET**, *qui s'est retourné pour tousser, reprend avec une nouvelle force.*

Oui, je l'ai dit et je le répète... quelques dommages ou inconvéniens qu'il en puisse résulter pour nous ou pour les autres... rien ne doit nous empêcher de sauver un innocent ou de punir un coupable.

CENTER: **BOMBÉ.**

Écoutez donc, M. Coquelet, vous m'en direz tant...

CENTER: **COQUELET**, *avec joie, à Mad. Bombé.*

Il est ébranlé. (*Reprenant avec force.*) La justice d'abord, la famille ensuite ; et ce Romain condamnant ses fils à mort est un assez bel exemple pour tous les jurés présens et à venir.

TOUS.

AIR : *De nos Plaideurs désormais* (de Louise).

Partez,
Partons, } l'instant est pressant ;
Cédez
Cédons } au vœu qu'on exprime.
Peut-on hésiter sans crime
A sauver un innocent ?

(Bombé rentre dans la Cour d'Assises.)

SCÈNE XV.

LUCEVAL, Mme DE MERCOURT, COQUELET.

COQUELET.

Victoire !... ce n'est pas sans peine... Il m'a donné plus de mal à lui tout seul que toute une cour royale.

Mme DE MERCOURT.

Pourvu qu'il soit encore tems... et que la vérité n'arrive pas trop tard.

COQUELET, *à Luceval.*

En tout cas, ce n'est pas ma faute... Vous pouvez l'attester à la famille.

LUCEVAL.

Oui, certainement.

SCÈNE XVI.

LES PRÉCÉDENS, Mme GIROUX, *sortant du tribunal en se disputant.*

Mme GIROUX *.

C'est une injustice... Vous avez beau me menacer... ça n'y fera rien... Il y aurait deux huissiers de plus... que je dirais encore : C'est une injustice.

Mme DE MERCOURT.

Qu'est-ce donc ?

---

* Mme Giroux, Luceval, Mme de Mercourt, Coquelet.

Mme GIROUX.

Les huissiers qui m'ont fait sortir de la salle sous prétexte
que je troublais l'ordre... et tout ça parce que je n'ai pas
un cachemire, ni un saule pleureur; sans cela je pourrais
parler à mon aise... mais les bonnets ronds sont toujours
victimes.

LUCEVAL.

Vous parliez donc?

Mme GIROUX.

Du tout; je me disputais avec la fruitière, ma voisine,
parce que je soutenais, et je soutiens encore, que l'accusé
est coupable.

Mme DE MERCOURT.

O ciel!...

Mme GIROUX.

C'est évident. Il ne dit rien, c'est qu'il est fautif... Que
diable, on parle; on fait des phrases : moi j'en ferais bien...
Pourquoi allait-il la nuit dans cette chambre?... par la
croisée... sur l'air : *M. l'abbé, où allez-vous ?* La fruitière
objecte à cela... Mais il est riche! Qu'est-ce que cela prouve?
Il y en a tant qui le sont plus que lui, et qui tous les jours
opèrent en grand.

COQUELET.

Voilà une femme qui a manqué sa vocation... elle devrait être avocat...

Mme GIROUX.

Et pourquoi, pas *Moustapha ?* est-ce parce que je n'ai
pas une robe noire... J'en aurais bientôt une si je portais
comme lui le deuil de mes procès.

LUCEVAL.

Madame Giroux.

Mme GIROUX.

Non... c'est qu'il a un air...

LUCEVAL.

Madame Giroux... où en était-on? Les jurés étaient-ils
entrés dans la chambre des délibérations?

Mme GIROUX.

Pas encore... (*Montran Coquelet.*) Après l'allocation d

monsieur qui a remué la tête et les bras, en guise de télé-graphe qui annonce une mauvaise nouvelle... le président a pris la parole...

LUCEVAL, à Mad. de Mercourt.

C'est bien... on en était au résumé du président.

COQUELET.

Nous avons du tems... car, par bonheur, il a l'habitude d'être long.

Mme GIROUX.

Oui, mais aujourd'hui il se dépêchait... Il allait un train de poste. Apparemment qu'il avait affaire... ou qu'il allait dîner en ville.

SCENE XVII.

LES PRÉCÉDENS, Mme BOMBÉ. (Elle descend l'escalier; Lu-ceval, Coquelet, Mme de Mercourt vont au-devant d'elle avec empressement.)

LUCEVAL ET Mme DE MERCOURT [*].

Quelle nouvelle ! parlez vite.

Mme BOMBÉ.

Tout est fini ! Les jurés ont prononcé.

TOUS.

Eh bien !...

Mme BOMBÉ.

Leur déclaration est contraire à l'accusé...

Mme DE MERCOURT.

Grand Dieu !...

Mme GIROUX.

Là ! je disais bien qu'il était coupable.

LUCEVAL.

Et elle est unanime ?

Mme BOMBÉ.

Hélas ! oui...

---

[*] Mme Giroux, Luceval, Mme de Mercourt, Mme Bombé, Coquelet

LUCEVAL.

Ainsi, pas moyen d'espérer du côté du tribunal.

Mme GIROUX.

Le pauvre cher homme !

COQUELET.

Vous le plaignez maintenant...

Mme GIROUX.

Croyez-vous donc que j'aie mauvais cœur ?

COQUELET.

Moi qui avais dépensé tant d'éloquence ! qui avais produit tant d'impression... C'est ce M. Bombé qui est cause de tout... avec ses hésitations.

Mme BOMBÉ.

Il n'en fait jamais d'autres... Tout l'auditoire est attendri... La Chaussée-d'Antin est consternée.

Mme DE MERCOURT.

Ah ! que j'étais loin de m'attendre à ce résultat ! Quel malheur pour notre famille !...

LUCEVAL.

Du courage.

Mme GIROUX, *regardant du côté de la salle.*

Eh ! pourquoi donc que le public ne s'en va pas ?

Mme BOMBÉ.

C'est que le jugement n'est pas encore prononcé : le chef des jurés avait omis de signer la déclaration qu'il a remise...

Mme GIROUX.

Comme l'autre jour dans l'affaire *Tremeuil.*

Mme BOMBÉ.

Et ces messieurs sont rentrés dans la chambre des délibérations pour réparer cet oubli... Ce n'est qu'une formalité... et dans un instant... (*On entend applaudir dans la coulisse.*)

COQUELET.

Que signifie ce bruit ?

LUCEVAL.

Je crois avoir entendu des applaudissemens.

Mme DE MERCOURT, *écoutant.*

Vous ne vous êtes pas trompé.

COQUELET.

On applaudit encore.

Mme GIROUX.

C'est que le public est content du tribunal, et qu'on vient de lire la sentence.

SCENE XVIII.

Les Précédens, BOMBÉ; Mme SABATIER, *descendant précipitamment l'escalier avec* NANINE *.

Mme SABATIER.

Il est sauvé.

COQUELET.

Mon client ?

Mme DE MERCOURT.

M. Germeuil ?

Mme SABATIER.

Lui-même... C'est le résultat le plus imprévu, l'événement le plus extraordinaire... Condamné d'abord, acquitté ensuite... Ça donne un coup... puis un contre-coup... J'en suis toute étourdie... Ce sont de ces secousses auxquelles ne résiste pas l'ame la mieux constituée.

LUCEVAL.

Le jury est donc revenu sur sa première déclaration ?...

BOMBÉ.

Eh ! oui, sans doute... c'est l'effet de la lettre.

TOUS.

Quel bonheur !

---

* Mme Giroux, Luceval, Mme de Mercourt, Coquelet, Mme Bombé, Bombé, Mme Sabatier, Nanine.

SCÈNE XIX ET DERNIÈRE.

LES PRÉCÉDENS, GIROUX.

GIROUX, *en entrant.*

Quelle indignité !... ça n'a pas de nom... c'est une abo-
mination. (*Il se place entre sa femme et Luceval.*)

Mme GIROUX.

Qu'est-ce donc que tu as, mon homme?

GIROUX.

Je ne me connais plus ; je suis furieux.

Mme GIROUX.

De ce que le prévenu est acquitté.

GIROUX.

Qu'est-ce que ça me fait... La voisine Thomas vient de
me dire que, pendant que j'étais à l'audience, des voleurs
s'étaient introduits dans ma boutique.

Mme GIROUX.

Ah ! mon Dieu !

GIROUX.

C'est peut-être les amis de celui-là... la même bande...
Sans le voisin Pichon, nous étions dévalisés.

Mme SABATIER.

Ah ! mon Dieu !.... et mon mouchoir..... je ne l'ai
plus... On me l'aura pris à l'audience, pendant que je me
trouvais mal...

GIROUX.

Vous l'entendez...... ils osent travailler en présence
même des juges !...

Mme SABATIER.

Ma fille, donne-moi le tien... (*Elle veut prendre le mouchoir de Nanine dans son sac, elle prend un billet.*) Comment, mademoiselle, un billet dans votre sac?

NANINE.

Je vous jure, maman, que je ne m'en étais pas aperçue.

Mme SABATIER.

Qui vous l'a remis?

NANINE.

Je n'en sais rien… mais ce doit être M. Théophile…
Il l'aura glissé là, dans le moment où M. le procureur du
Roi faisait de la morale… et j'écoutais si attentivement.

Mme SABATIER, *criant.*

Emmenez-donc vos enfans avec vous… Une autrefois,
mademoiselle, vous resterez à la maison.

LUCEVAL.

Et vous ferez bien.

GIROUX, *à sa femme.*

Et toi aussi.

Mme GIROUX.

C'est ce qu'on verra…

TOUS LES HOMMES DU PEUPLE, *aux femmes.*

Et vous aussi, vous resterez…

L'HUISSIER, *paraissant.*

Silence, messieurs et mesdames; et n'encombrez pas la
grand'salle.

BOMBÉ.

Il a raison… partons… Allons nous mettre à table.

L'HUISSIER, *à Bombé.*

On attend M. Bombé au tribunal.

BOMBÉ.

Ah! mon Dieu!… cette dernière cause… je n'y pensais plus… et commencer à près de six heures… C'est
fini, je ne dînerai pas aujourd'hui…

TOUT LE MONDE.

Il est six heures… allons dîner.

VAUDEVILL E.

AIR nouveau de M. Heudier.

Mᵐᵉ SABATIER.

Contre un accusé que de chances ?
Son avocat a des absences ,
On le juge a mal déjeuné ;
    Condamné.

TOUS.

Condamné.

Mᵐᵉ SABATIER.

Mais si le juge , plus facile ,
Alla la veille au Vaudeville,
Et garde un reste de gaîté ,
    Acquitté.

TOUS.

Acquitté,
Quel bonheur ! il est acquitté.

BOMBÉ.

Ce malade est millionnaire :
Comme sa santé nous est chère ,
Six docteurs l'ont environné ;
    Condamné.

TOUS.

Condamné.

BOMBÉ.

Il ne reste plus d'espérance :
Il croyait subir sa sentence ,
Mais ses docteurs l'ont déserté ;
    Acquitté.

TOUS.

Acquitté ,
Quel bonheur ! il est acquitté.

Mᵐᵉ BOMBÉ.

Regrettant le tems de nos pères ,
On crie au progrès des lumières :
Le siècle est trop illuminé ;
    Condamné.

TOUS.

Condamné.

Mme BOMBÉ.

Mais on te doit, siècle fertile,
Gigots, manches à l'imbécile,
Et les chapeaux à l'éventé...
    Acquitté.

TOUS.

Acquitté,
Quel bonheur ! il est acquitté.

GIROUX.

Lisez l's annales d'la justice,
Vous direz : il faut qu'on sévisse
Contr' ce coquin déterminé;
    Condamné.

TOUS.

Condamné.

GIROUX.

Mais si vous lisez ses mémoires,
Vous direz : c'était des histoires;
Il n'volait que par probité.
    Acquitté.

TOUS.

Acquitté.
Quel bonheur ! il est acquitté.

COQUELET.

On annonce une œuvre tragique
D'un camarade romantique ;
Des Français, je plains l'abonné...
    Condamné.

TOUS.

Condamné.

COQUELET.

Mais tout prêt à subir sa peine,
Au premier vers qu'on dit en scène,
Il s'endort avec volupté...
    Acquitté.

TOUS.

Acquitté,
Quel bonheur ! il est acquitté.

LUCEVAL,

Cette nymphe belle et peu sage
Roule en un brillant équipage,
Et je vois son luxe effréné.
        Condamné.

TOUS.

Condamné.

LUCEVAL.

Oui, ce faste nous importune ;
Mais quelquefois de sa fortune
Les malheureux ont profité.
        Acquitté.

TOUS.

Acquitté ,
Quel bonheur ! il est acquitté.

Mme DE MERCOURT.

Si c'est un tribunal sévère
Qui nous juge dans cette affaire,
Je vois notre auteur consterné ,
        Condamné.

TOUS.

Condamné.

Mme DE MERCOURT.

Mais si , pour dicter la sentence,
Messieurs, vous laissez l'indulgence
Parler plus haut que l'équité ,
        Acquitté.

TOUS.

Acquitté ,
Quel bonheur ! il est acquitté.

FIN.

RÉPERTOIRE
DU THÉATRE DE S. A. R. MADAME,

PAR

MM. Scribe, Mélesville, G. Delavigne, Mazères, Bayard, Delestre-Poirson, Dupaty, Saintine, Varner, Decourcy, Devilleneuve, Francis, Brazier, Dupin, Carmouche, St.-Laurent, Dumersan, Chabot, De St.-Georges, etc.

GRAND IN-32,

Imprimé par Crapelet, sur papier jésus vélin satiné.

Prix : 1 fr. la livraison.

CHAQUE PIÈCE SE VEND SÉPARÉMENT.

En Vente :

1. Le Mariage de Raison.
2. Michel et Christine.
3. La Lune de Miel.
4. L'Héritière.
5. La Demoiselle à Marier.
6. Le Charlatanisme.
7. Simple Histoire.
8. Rodolphe.
9. Le Coiffeur et le Perruquier.
10. La Quarantaine.
11. L'Ambassadeur.
12. La Belle-Mère.
13. La Mansarde des Artistes.
14. L'Intérieur d'un Bureau.
15. Le Baiser au Porteur.
16. Le Diplomate.
17. L'Auberge, ou les Brigands.
18. Une Visite à Bedlam.
19. La Loge du Portier.
20. Le Confident.
21. Les Premières Amours.
22. Le Secrétaire et le Cuisinier.
23. Un Dernier Jour de Fortune.
24. Vatel.
25. La Marraine.
26. Les Grisettes.
27. Le Médecin de Dames.
28. Les Femmes Romantiques.
29. La Haine d'une Femme.
30. La Maîtresse au Logis.
31. Le Mal du Pays.
32. Le Vieux Mari.
33. La Chatte.
34. Le Plus Beau Jour de la Vie.
35. Le Nouveau Pourceaugnac.
36. Les Adieux au Comptoir.
37. Les Élèves du Conservatoire.
38. Le Menteur Véridique.
39. La Demoiselle et la Dame.
40. Le Comte Ory.
41. Coraly.
42. Le Solliciteur.
43. Yelva, ou l'Orpheline Russe.
44. Le Bal Champêtre.
45. La Charge à Payer.
46. Les Manteaux.
47. Les Inséparables.
48. La Pension Bourgeoise.
49. La Vérité dans le Vin.
50. L'Oncle d'Amérique.
51. Le Baron de Trenck.
52. La Somnambule.
53. L'Ours et le Pacha.
54. Le Château de la Poularde.
55. Les Deux Précepteurs.
56. Le Dîner sur l'Herbe.
57. L'Écarté, ou un Coin du Salon.
58. Partie et Revanche.
59. Le Mauvais Sujet.
60. Le Parlementaire.
61. L'Avare en Goguette.
62. M. Tardif.
63. Frontin Mari-Garçon.
64. La suite de Michel et Christine.
65. Le Ménage de Garçon.
66. La Nouvelle Clary.
67. Les Empiriques d'Autrefois.
68. Rossini à Paris.
69. Trilby, ou le Lutin d'Argail.
70. Le Bon Papa.
71. Le Fondé de Pouvoirs.
72. La Manie des Places.
73. Les Moralistes.
74. Malvina.
75. Théobald.
76. Mme de Sainte-Agnès.
77. La Bohémienne, ou l'Amérique en 1775.
78. Le Leycester du faubourg.
79. Le Plan de Campagne.